닥터앤닥터 육아일기

닥터앤닥터 육아일기

② 신생아 돌보기

글·그림 **닥터베르**

prologue

일을 잘한다는 건

짧은 시간에 많은 일을 실수 없이 하거나

다른 사람이 못 하는 일을 해내는 것이다.

육아의 기본은 뭐든지 적당히가 많아서

'잘하고 있다'를 느끼기가 어려운 것 같다.

특히 처음 1년 정도는 비슷한 생활을 반복하며

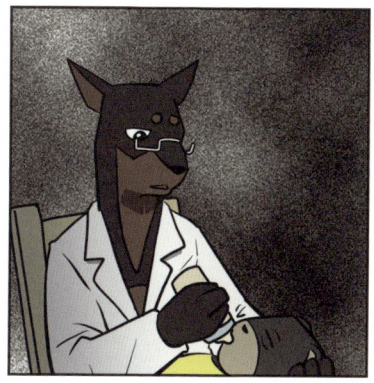

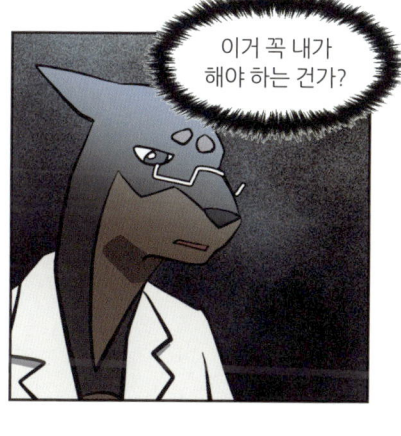

그 시간이 없었다면   내가 받은 사랑의 크기

부모님의 헌신   그 세월의 무게를

지금만큼 체감할 수 있었을까? 내가 변할 수 있었을까.

그렇게 아들은 아빠가 된다.

차례

prologue		005
episode 37	기형 검사	013
episode 38	고생했어요	024
episode 39	조리원 1	035
episode 40	조리원 2	046
episode 41	조리원 3	056
episode 42	모유 수유 1	068
episode 43	모유 수유 2	078
episode 44	모유 수유 3	089
episode 45	모유 수유 4	099
episode 46	모유 수유 5	109
episode 47	예방접종	122
episode 48	출산 휴가	133
episode 49	공동육아 1	144
episode 50	공동육아 2	153
episode 51	공동육아 3	162
episode 52	공동육아 4	174
episode 53	공동육아 5	184
episode 54	메르스 + 예방접종 2	195

episode 55	수면 교육 1	206
episode 56	수면 교육 2	217
episode 57	수면 교육 3	226
episode 58	우울감 파트 1-1	237
episode 59	우울감 파트 1-2	247
episode 60	우울감 파트 1-3	257
episode 61	단이와 단미 1	270
episode 62	단이와 단미 2	280
episode 63	단이와 단미 3	291
episode 64	단이와 단미 4	302
episode 65	단이와 단미 5	312
episode 66	단이와 단미 6	322
episode 67	복직 1	331
episode 68	복직 2	341
episode 69	복직 3	351
extra episode	미국 여행 1	362
extra episode	미국 여행 2	374
extra episode	미국 여행 3	386
epilogue	가장 먼저 배우는 가장 어려운 일	397

episode 37

기형 검사

태어난 아이는 초기 관찰과 함께
기형 여부를 확인한다.

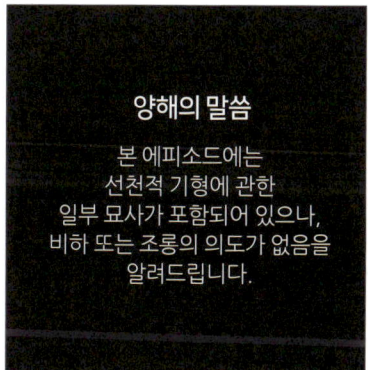

이때 발견되는 기형들은 초음파로 발견이 어려운 탈장,

경증의 수족 기형,

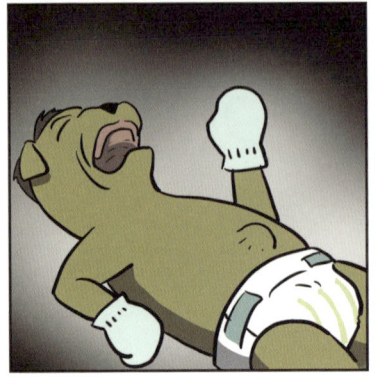

정도와 위치에 따라 산전 검사에서 발견될 수 있습니다.

패러디 장면으로, 이같은 중증 저형성은 대부분 산전 검사에서 발견됩니다.

감각 장애 등이 있으며

최근엔 청각선별검사도 추가되어 소아 난청 치료에 도움이 되고 있다.

고도의 난청 치료를 위한 인공와우

출산 전에도 몇 차례 기형 검사가 있지만

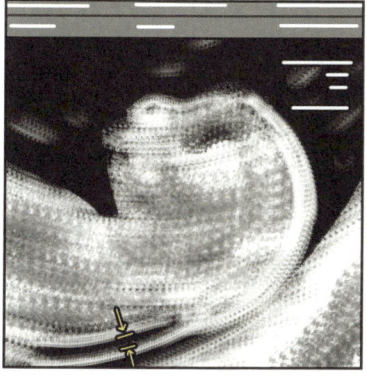

다운증후군 위험성 평가를 위한 투명대 검사 모습

각종 유전자 이상이나

중증의 신체 기형과 주요 장기(심장, 뇌 등) 기형을 대상으로 한다.

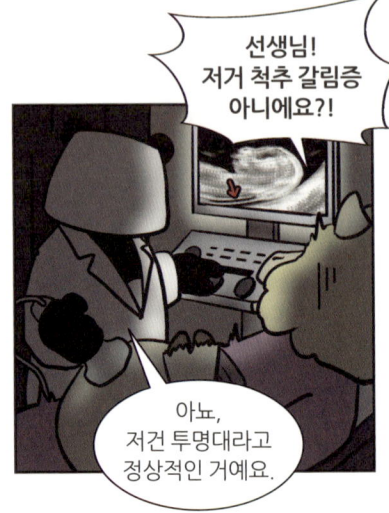

산전 기형 검사 절차는 보통 다음과 같다.

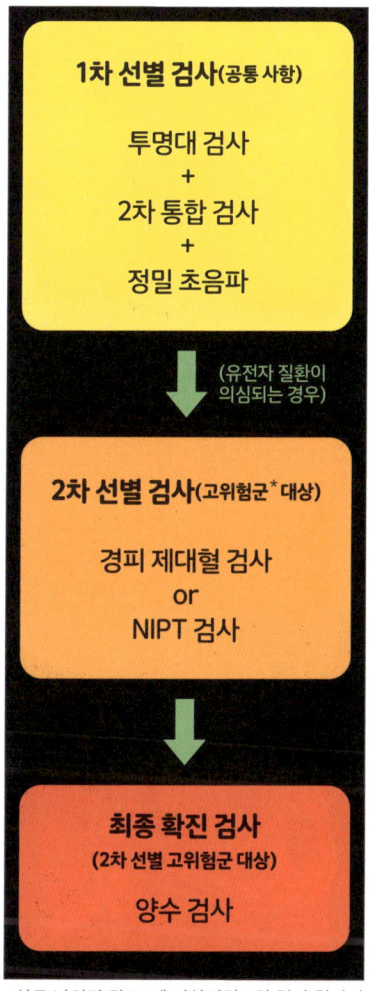

1차 선별 검사 (공통 사항)

투명대 검사
+
2차 통합 검사
+
정밀 초음파

↓ (유전자 질환이 의심되는 경우)

2차 선별 검사 (고위험군* 대상)

경피 제대혈 검사
or
NIPT 검사

↓

최종 확진 검사
(2차 선별 고위험군 대상)
양수 검사

*산모 나이가 만 35세 이상이면 1차 검사 결과와 별개로 고위험군에 해당합니다.

2차 검사는 선택사항이지만 고위험군이면 받아보길 권합니다.

천자 검사의 위험을 최소화하기 위한 절차입니다.

미리 확진을 받는다고 결과가 바뀌는 건 아닐 수 있습니다.

힘든 선택지뿐일 수도 있지요.

하지만 불필요한 불안에서 벗어날 수도 있고

미리 준비할 수 있는 일도 있습니다.

*Coarctation of the aorta = 대동맥 협착. 대동맥이 국소적으로 좁아진 심장 기형의 일종

손쓸 방도는 더더욱 없었다.

지금은 기회가 있다.

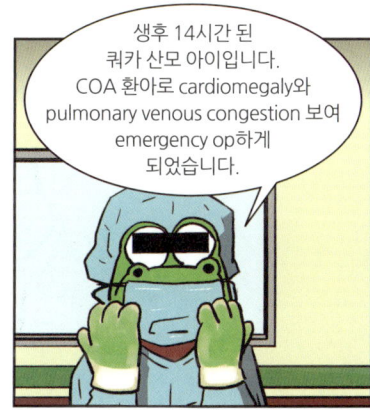

정해진 운명에 맞서 싸울 기회가.

의학 기술은 발전하고 있다.

더더욱 발전했으면 좋겠다.

episode 38
고생했어요

레서를 만나러 갔다.

배는 여전히 그대로지만

더이상 태동은 느껴지지 않는다.

내 안에 있던 생명이 저기 어딘가에 살아있다.

문득, 조금 무서워졌다.

나를 사랑하고, 사랑받는다 생각하지만

여전히 사랑은 모르겠다.

사람들이 말하는 모성애는 너무나 아름답고

위대하며

자연분만을 했다면 좀 달랐을까?

막연한 죄책감과 두려움에 발걸음이
무거워진다.

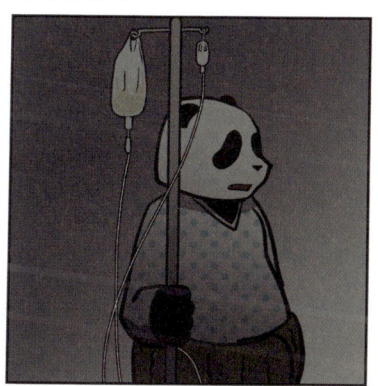

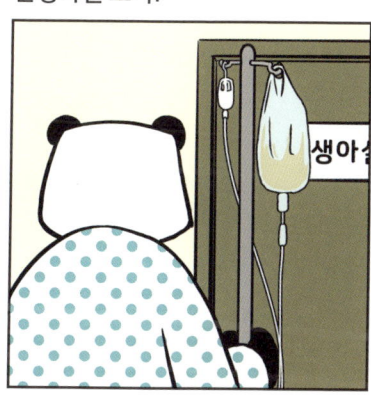

episode 39

조리원 1

조리원에 들어간 안다.

조리원은 기본적으로 호텔과 비슷하지만

이런 서비스들이 포함된다.

만화적 과장이 포함된 장면입니다.

비용이 저렴하진 않다.

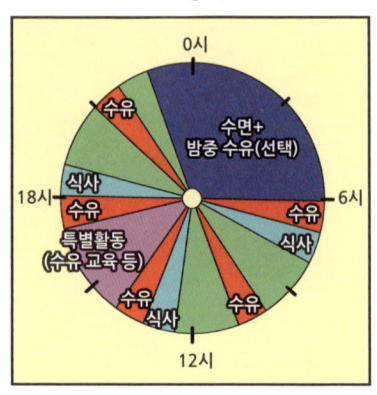

고양이들은 마더 웰시에게 맡기고

베르는 시간 대부분을 안다와 함께 했다.

손바느질로 만드는 거였다.

*subcuticular continuous suture: 상처 밖으로 실밥이 보이지 않게 꿰매는 기법 중 하나

episode 40
조리원 2

베르는 새로운 걸 배울 때

책부터 본다.

주변 사람들은 이해하지 못하지만

의외로 효과는 있다.

위대한 개's B(Book)

육아도 일단 책을 구입한 베르.

초반 내용은 별것 없었다.

그래도 자신감 향상에 도움이 됐다.

넥서스에 EMP + 핵폭탄 콤보

실전은 호락호락하지 않았다.

전공수업을 듣다 보면

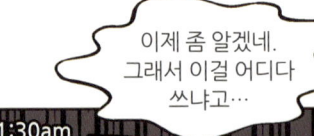

그래도 육아 도서는 다양한 방면에서 도움이 된다.

대학원생의_실험을_지켜보는_교수님의_눈빛.jpg

episode 41

조리원 3

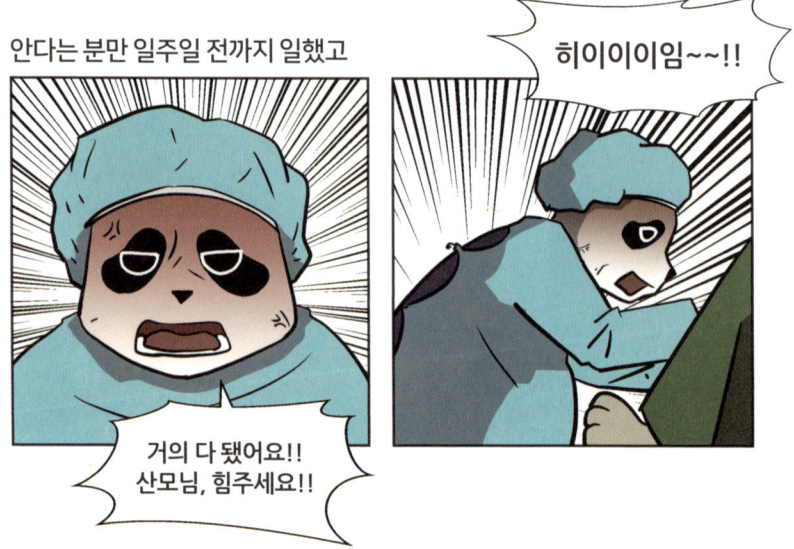

동기 중에 본인 산모들도 있었다.

수유실에서 만나면 회진 도는 분위기.

수유실 대화에 대한 이미지는 이렇지만

실제로는 좀 더 다이내믹하다.
임신 중 아쉬웠던 일 배틀.

복수할 거야!

조기교육 배틀.

앞으로 자장가는 ABC송만 부르시고, 기존의 모빌은 입체도형의 전개도로 바꿔야 합니다.

자식 배틀 등등.

가라, 레서! 모유 빨리 먹기!!

대부분은 웃어넘기는 일이지만

아~ 그건 너무했다~

그렇지 못한 일도 있다.

케이스 1.

무통 주사는 경막외 마취*를 통해 통증을 줄여줍니다.

*34화 참조

비용은 XX원인데 하시겠어요?

무자비한 산모들의 흉폭한 뒷담화가 시작된다!

뭐라냐

네!

아픈 건 싫으니까…

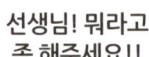

며느리는 소고기 미역국이 먹고 싶다고 했다.

그래서 난… 바람이 되었다!

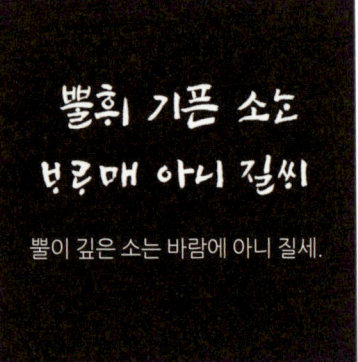

뿔휘 기픈 소ᄂᆞ
보ᄅᆞ매 아니 ᄌᆞᆯ씨

뿔이 깊은 소는 바람에 아니 질세.

*투약이 너무 이르면 진통이 억제될 수 있고, 너무 늦으면 효과를 보기 어렵습니다.(적절한 시점은 진통 간격 및 분만 진행 속도에 따라 다릅니다.)

효과가 낮다고 투여량을 과도하게 늘리면 운동 기능이 떨어져 분만에 지장을 줄 수 있습니다.

가족이 지켜주세요.

episode 42
모유 수유 1

표준체중으로 태어난 아기의 경우

남아 3.3kg
여아 3.2kg*

3~4시간 간격으로 먹는 것이 보통이다.

째깍째깍

*2017 소아청소년 성장도표, 보건복지부-질병관리본부-대한소아과학회

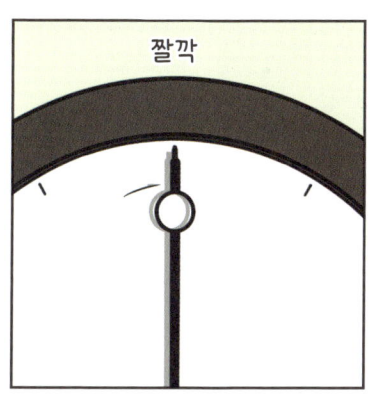

이 사이클은 24시간 계속된다.

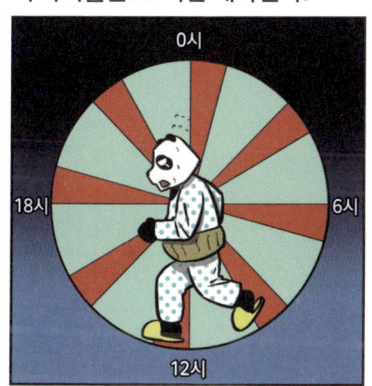

2. 유축기 사용

자기 전 유축기로 모유를 짜서

유두혼동이란, 직수와 젖병은
빠는 법이 다르기 때문에

이 둘을 섞어서 수유할 때

쉽게 사례가 들리거나 어느 한쪽을 거부하는 현상이다.

별문제 없이 적응하는 경우도 있다.

안다의 해결책은 대부분 단순명료했다.

이런 이유로 안다는 낮에도 유축을 해서

젖병을 들고 수유실로 갔는데   그 위용이 대단했다.

산모 대부분이 모유 수유를 시도한다.

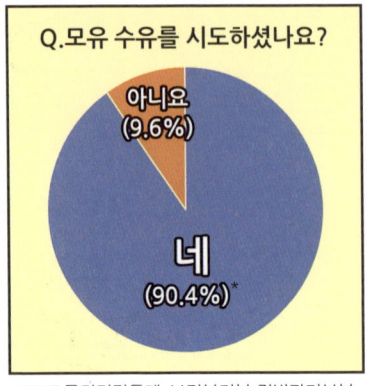

한 달 이상 완모에 성공하는 사람은 약 절반 정도다.

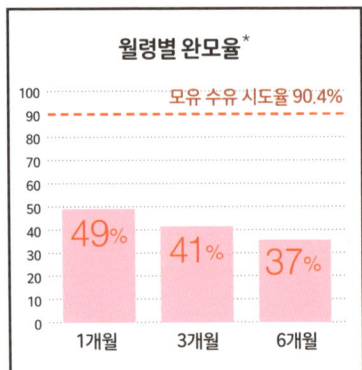

모유 수유를 어렵게 하는 가장 흔한 문제는 모유량 부족이다.

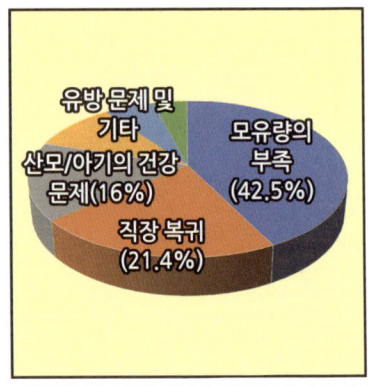

episode 43

모유 수유 2

모유량 부족은 괴로운 일이다.

모유는 유방 안의 유선 조직에서 분비되고

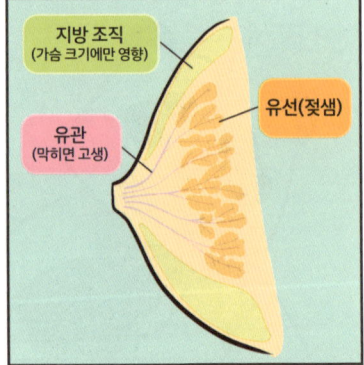

균형잡힌 식사를 하세요.

지방 섭취는 필요하지만, 너무 기름진 음식은 유선 막힘을 유발합니다.

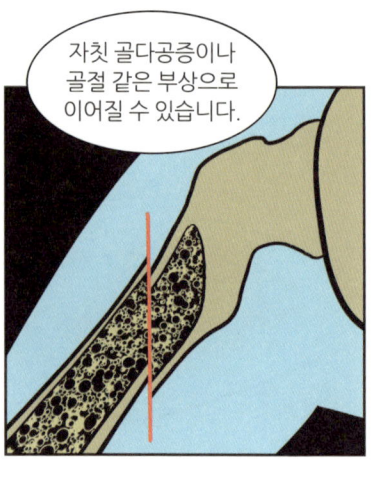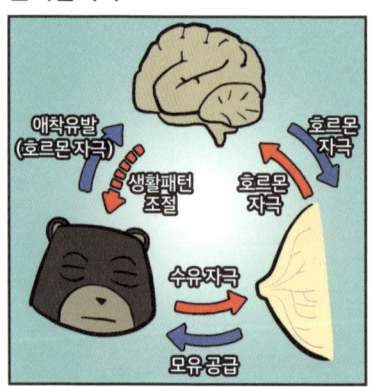

유축기를 활용할 수도 있습니다.

충분한 휴식을 취해주세요.

마사지와 온찜질은 중요합니다.

마사지와 찜질 방법은 조리원에서 배울 수도 있고

수유 전 온찜질은 유선을 확장시키고 막힘을 풀어주기 위한 것으로, 유선염 등 트러블이 있는 부분엔 수유 후 냉찜질이 필요합니다.

보건소 모유 수유 클리닉에서 배울 수도 있습니다.

모유 수유 중 스트레스를 받으면 악순환에 빠지기 쉽습니다.

마음을 편하게 가지세요.

안다도 몇 번인가 모유 부족을 겪었다.

조리원 기간이 끝나면

휴식 부족 등으로 여러 가지 상황이 악화된다.

각종 비용도 부담될 수 있다.

누구보다 괴로운 건 산모 본인이니

편안한 분위기를 만들어주자.

episode 44

모유 수유 3

*ψ[psai]=프사이

맥주 한 잔은 200ml입니다.

자극적인 맛의 음식들은 체취나 모유 맛에 영향을 미칩니다.

아이의 반응을 잘 관찰해주세요.

※후폭풍 주의

모유를 통해 전달될 수 있는 향신료 성분은 극히 미량으로 대부분의 경우엔 문제가 없습니다.

섭취한 카페인이 모유로 나오는 데는 약 30분, 커피 한 잔이 분해되는 데는 세 시간이 걸립니다.

수유 1시간 전이 제일 위험합니다.

수유 중 카페인 권고치는
일반 성인과 크게 다르지 않지만

아이가 평소보다 쉽게 잠들지 못하면
섭취 시간 또는 양을 조절해주세요.

*같은 집에 사는 모든 구성원 대상

**Klonoff-Cohen, Hillary Sandra, et al. "The effect of passive smoking and tobacco exposure through breast milk on sudden infant death syndrome." Jama 273. 10(1995): 795-798.

*Calvaresi, Valeria, et al. "Transfer of nicotine, cotinine and caffeine into breast milk in a smoker mother consuming caffeinated drinks." Journal of analytical toxicology 40.6 (2016): 473-477.

모유가 놀라운 시스템인 건 맞지만, '완전식품'같은 맹신은 바람직하지 않습니다.

아이가 모유에서 모든 영양소를 얻을 수는 없습니다.

모유를 통해 얻을 수 없는 대표적인 영양소에는 비타민D와 K가 있습니다.

비타민D는 햇빛을 통해 얻을 수 있고

햇빛에 노출되기 어려운 신생아 시기나, 일조량이 부족한 시기엔 영양제 형태로 섭취하길 권장합니다.

비타민K는 아이의 장이 성숙해야 합성됩니다.

비타민K 결핍은 때때로 심각한 신생아 출혈성 질환으로 이어지기 때문에

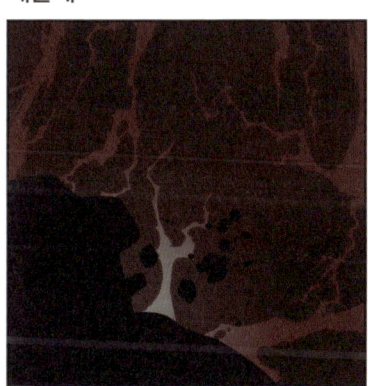

지금은 출산 직후 주사를 통해 보충해줍니다.

episode 45

모유 수유 4

산부인과에서 일하면 모유 수유로 고통받는 산모를 자주 보게 된다.

가장 흔한 트러블은 유두 균열이다.

젖 먹일 때 유두가 너무 아파요.

유두 균열은 반복된 수유 자극으로 인해

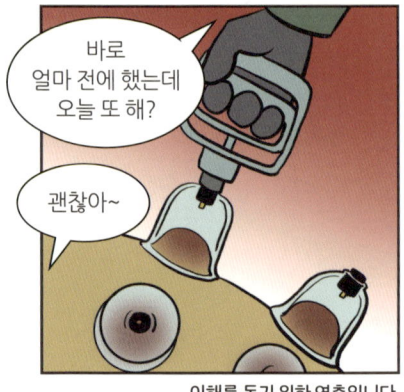

이해를 돕기 위한 연출입니다.

유두에 크고 작은 상처들이 생긴 경우다.

유두 균열이 발생하면 수유 때마다 바늘로 찌르는 듯한 통증을 느낀다.

최근엔 이런 문제를 방지하기 위한 보조용품이 나왔다.

보호캡은 수유 자극에서 유두를 보호해주지만

수유 과정 중 유두에 강하게 밀착되기 때문에

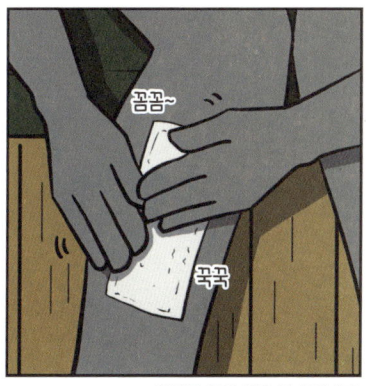

이해를 돕기 위한 연출입니다.

이미 유두 균열이 있는 경우 떼어낼 때 상처가 벌어질 수 있다.

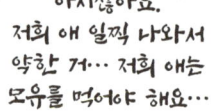

하지만 마음만으로 해결되지 않는 상황은 존재하고

그런 상황에서 모유 수유를 계속하는 건 산모에게도 아이에게도 괴로운 일입니다.

모유 신화는 모유 수유가 어려운 산모에게 과도한 죄책감을 일으킵니다.

좋은 사료를 먹고 자란 강아지와

즐거운 시간을 많이 보내며 자란
강아지,

어느 쪽이 더 행복할까요?

둘 다 줄 수 있다면 물론 좋겠지만

때론 수단과 목적이 바뀌기도 합니다.

나비! 엄마가
너 좋은 사료 먹이려고
이렇게 늦게까지 일하는데
집안 꼴이 이게 뭐야!

episode 46

모유 수유 5

육아를 하다 보면

상상과 현실은 다를 때가 많다.

모유 수유도 그중 하나였다.

연출된 이미지입니다.

직수도 상황은 크게 다르지 않다.

그 밖에도 젖 뭉침 같은 현실적인
문제들.

젖 뭉침 관련해서 종종 듣게 되는
이야기 '남편 뚫어뻥'.

지나가던 그랜마 앤트이터

분유는 호기심에 몇 번인가 먹어봤지만

당신은 모유 마실 수 있어?

입 안에는 다양한 세균들이 살고 있기 때문에

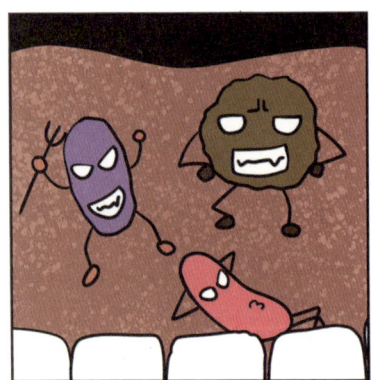

수유로 약해진 유두를 빠는 건 말리고 싶다.

안다의 생각도 비슷한 건 다행이었다.

부부의 생각이 서로 다르면 예상 밖의 마찰을 겪을 수도 있다.

*文帝-BC202-157 한나라의 황제

닥터앤닥터는 방송심의에 관한 규정을 준수합니다.

하게 된다면 양치와 가글은 필수.

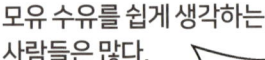

유럽 모 축구팀 수석코치

최신 연구들에 따르면 딱히 그렇지도 않다.*

설령 관계가 있더라도 모유 수유율과 연관된 다른 요인들을 살펴보면**

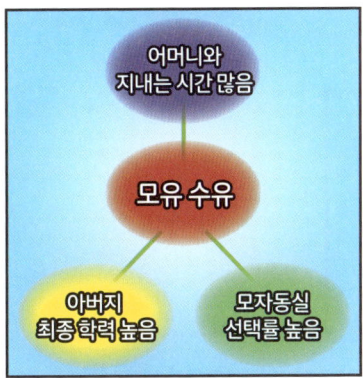

모유 성분의 영향이라고 결론 내리긴 어렵다.

베르에게 모유와 분유는 이런 느낌이었다.

정확한 순도는 물질에 따라 다릅니다.

*Yang, Seungmi, et al. "Breastfeeding during infancy and neurocognitive function in adolescence: 16-year follow-up of the PROBIT cluster-randomized trial." PLoS medicine 15.4 (2018): e1002554 외.
**최은진. "모유 수유 실천 관련 사회환경적 요인과 정책적 시사점." 보건복지포럼 249 (2017): 72-81 외.

좋은 시약은 오차를 줄여주지만, 실험의 결과를 바꾸진 못하고*

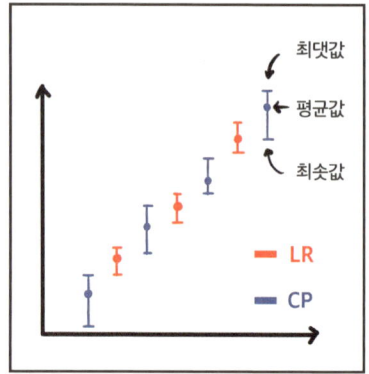

*가스크로마토그래피 등 일부 정밀 측정 분야 제외

큰 오차는 대부분 수행자의 미숙함에서 온다.

학부생 인턴 오골

그 다음 요인을 꼽으라면 수행자들의 의사소통 문제와 계산 실수다.

증류수 대신에 수돗물을 쓰는 수준만 아니면 시약의 순도는 그 모든 문제 다음이다.

누군가 이렇게 묻는다면

마이클 X프스 식단은 들어봤어도

참 편리한 세상이다.

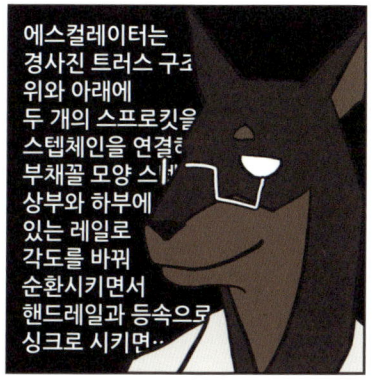

레서는 지금도 기계 관련 너튜브를 좋아하는데

레서(5세)

최근 질문들의 난이도가 급상승하고 있다.

*Double over head camshaft engine

episode47
예방접종

아이들은 태어난 직후부터  예방접종을 받기 시작한다.

독감을 제외한 표준 예방접종은 만 12세에 마무리된다.

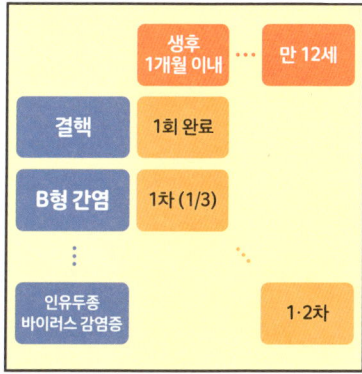

질병관리본부, 표준예방접종일정표(2019)

의료행위 대부분이 인체의 회복력에 의존하는 것처럼

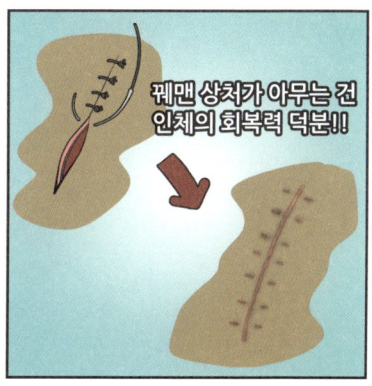

예방접종은 인체의 면역시스템에 의존한다.

예방접종은 여러 질병을 일으키는 세균과 바이러스를 분리, 배양한 뒤

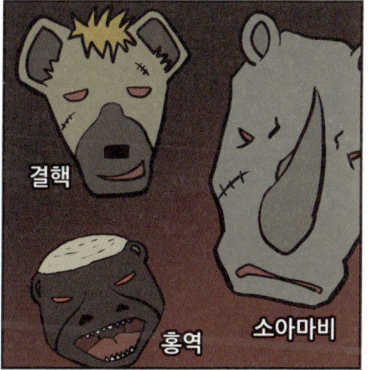

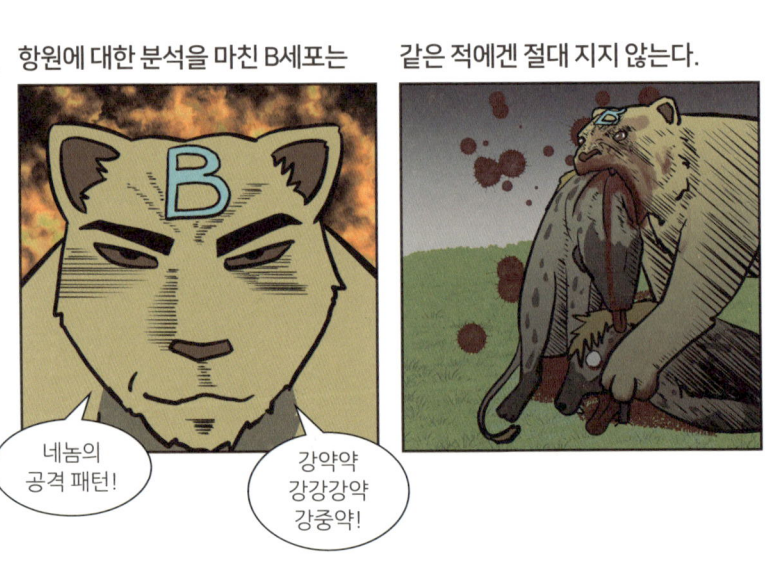

최근 백신 반대론자들이 늘어나고 있다.

준비되지 않은 전쟁의 결과는

참혹하다.

결과적으론 승리할 수도 있지만

본체에 돌이킬 수 없는 피해가 남을 수 있다.

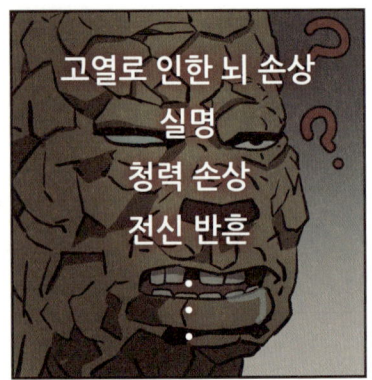

영유아 생존율을 극적으로 끌어올린 다섯 가지 기적.

1. 상수도 보급
2. 백신 접종
3. 기초 교육 확대
4. 기초 의료 시설 설치
5. 계면활성제(비누) 사용

이 기적은 지금도 전 세계로 확대되고 있다.

*Rosling, Hans. Factfulness. Flammarion, 2019. p.132.
**data from Knoema

그동안 인류를 위협해온 질병과의 치열한 싸움에서
마침내 인간이 승리하기 시작하면서

1918년 스페인 독감 사망자 5천만 명
(당시 전 세계 인구의 5%)

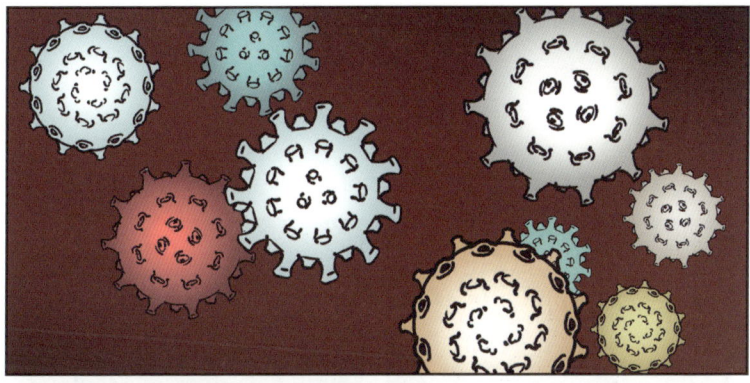

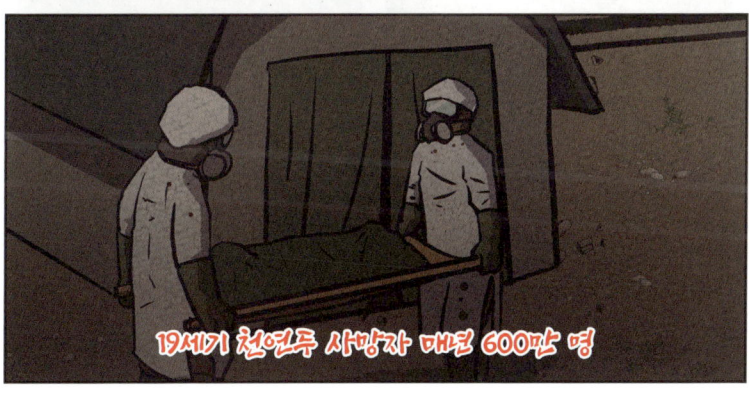

19세기 천연두 사망자 매년 600만 명

계면활성제에 대한 공포 조장 등…

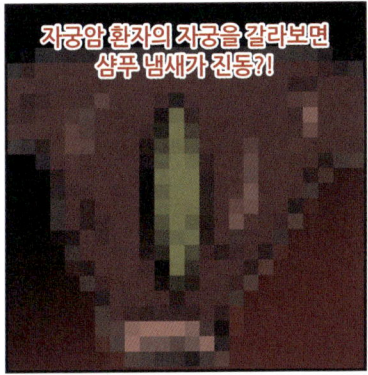

공중보건의 근간이 흔들리고 있다.

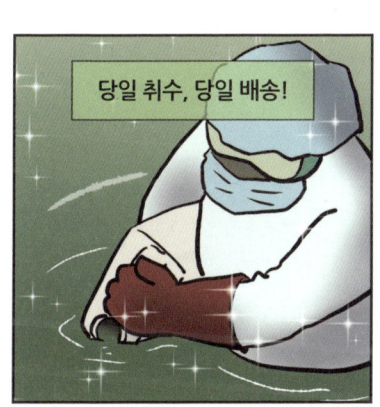

episode 48
출산휴가

2주 동안의 조리원 생활을 마치고

모두 집으로 돌아왔다.

3개월의 출산휴가를 낸 안다.

법정 출산휴가는 다음과 같다.*

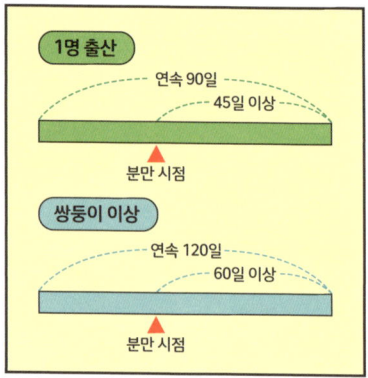

*근로기준법 제74조 1항

길다면 길고

짧다면 짧은 시간 90일.

육아 초반 90일은
정말로 길게 느껴진다.

정신과 시간의 방

이 기간에 아이에겐 다양한 변화가
있지만

돌보는 입장에서는 아메리카노
사이즈업 정도의 차이다.

이 무렵 아이가 할 수 있는
최고의 액션은

뒤집기다.*

*만 4~5개월 사이에 많이 합니다.

두 집 중 한 집이 맞벌이인 시대.*

*2018년 기준 30대 부부 맞벌이 비율은 49.9%. 통계청, 2018년 하반기 맞벌이 가구 및 1인 가구 고용 현황.

출산휴가 후 복직을 확신하던 많은 엄마가

이 무렵의 아이들을 보며

44화 참조

핵심 인력이 출산휴가를 떠나면

고용주는 2개월 동안 통상임금의 100%를 지급함*과 더불어

*남녀고용평등법 제 18조

남은 보조 인력도 떠안게 되므로

지원형 캐릭터들

어떻게든 손실을 최소화하려고 한다.

출산휴가 위반 신고는 고용노동부로!

지방고용노동관서 및 고용평등상담실에서도 가능합니다.

하지만 이렇게 싸울 수 있는 경우는 드물다.

많은 사람이 불공평한 타협을 강요당한다.

법은 있지만, 사각지대는 여전히 넓고

단속과 처벌*을 강화하니

*출산휴가 관련 법규 위반 시 2년 이하의 징역 또는 2천만 원 이하의 벌금. 근로기준법 제110조 1호.

출산율 같은 큰 그림을 논하기보다 한 사람 한 사람의

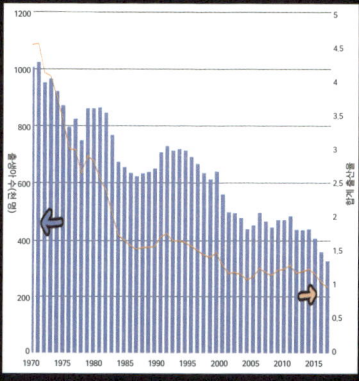

보건복지부, 출생아 수 및 합계 출산율. 1970~2018.

시린 발걸음을
알아줬으면 좋겠다.

episode 49

공동 육아 1

유축에도 많은 시간이 필요했기에  한동안은 베르가 혼자 육아를 했다.

3화 참조

출산 후 한 달이 지나, 안다가 육아에 합류했다.  베르와 안다의 공동육아 시작!!

베르와 안다의 규칙은 간단했다.

4시간씩 완전한 교대 근무!

한 명이 육아를 하는 동안

다른 사람은 체력을 회복하는 시스템.

라운드 1

모유 먹이기.

딸랑이 투척.

학부생을 위한 자장가.

커맨드 입력 실패 시 데미지 무효

닥터 베르
남은 시간 동안 설거지나 해야겠군.

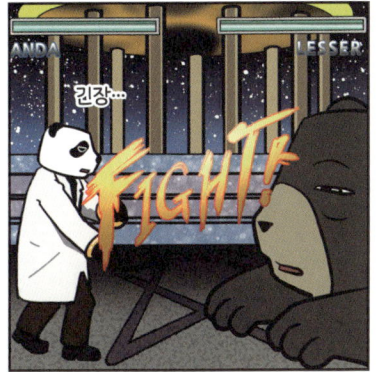

연속 X 싸기.

사자후

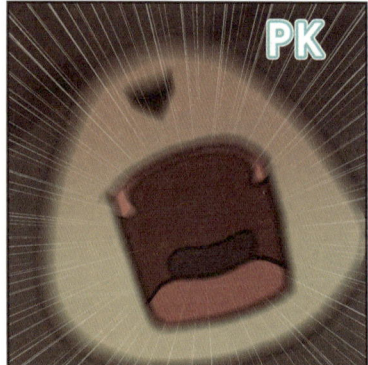

방어 불가

한 달의 짬 차이는 생각보다 컸고

실제 베르는 해병대와 아무 관련이 없습니다.

안다와 베르의 육아는 협조가 되는 사람을 업는 것과

인사불성인 사람을 업는 것 정도의 차이가 났다.

베르는 불안해지기 시작했다.

episode 50

공동 육아 2

오리를 포함한 일부 동물의 경우

각인 본능을 가지고 있어서

처음 본 움직이는 물체를 어미로 따른다.

정도의 차이는 있지만

레서에게도 비슷한 일이 일어난 것 같았다.

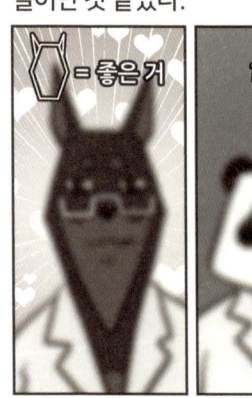

신생아의 경우 색맹에 근시다.

쉽게 생각했던 공평한 육아는

순식간에 무너졌다.

별 탈 없이 적응하는 아이도 있겠지만 레서의 반응은 무척 극단적이었고

안다는 절망했다.

나와
연결되어 있던

내가 낳은
생명이

나를 거부한다.

베르의 상황도 마냥 좋진 않았다.

마지막으로 밖에 나가본 게 보름 전.

턱 밑까지 물이 찬 느낌.

가끔은 정말 숨 막히는 답답함이 밀려왔다.

싸우기도 많이 싸웠다.

누군가 숨을 돌리려면

누군가는 고통을 겪어야 하는 최악의 역할 분담 시스템.

죄책감, 피로, 원망 같은 것들이 뒤엉킨 매일.

우리는 예상했던 것보다 훨씬 빨리

막다른 곳에 몰린 느낌이었다.

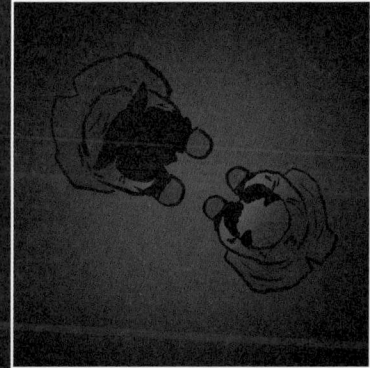

episode 51
공동 육아 3

서로의 이기심만 내세워서는 합의점을 찾을 수 없다.

공평한 기준이 필요하다.

하지만 너무 공평함에만 집착해도 결과는 산으로 갈 수 있다.

다시 한번 설명해봐. 단체로 월북하려던 이유가 뭐라고?

만화적 과장이 포함되어 있습니다.

공동 육아를 시작하고 일주일 남짓   차라리 혼자 고생하던 때가

3~5화 참조

지금보다는 나았다는 생각까지
들었다.   우리는 행복한 육아를 꿈꿨는데

지금은 이런 느낌이다.

어디서부터 잘못된 걸까.

베르는 처음 육아를 결심했던 그 순간을 떠올렸다.

21화 참조

내가 어떤 마음으로 이곳에 왔는지 떠올려야 했다.

아이가 하고 싶은 말이 무엇인지 마음으로 들어야 했다.

아이 돌보기는 베르가 전담하기로 했지만 안다는 유축과 집안일을 도왔고

레서와 자연스러운 접촉을 늘려갔다.

episode 52

공동 육아 4

'버킷리스트'란

죽기 전에 해보고 싶은 일들의 목록이다.

가장 시답잖았던
'버킷리스트 육아 ver.'

수많은 뜨뜻미지근한 항목 중

단연 압권이었던 건 11번.

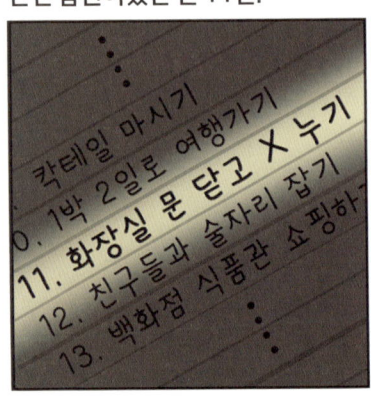

베르의 집은 층간 소음이 좀 있었지만

방문의 방음 성능은 무척 탁월했다.

아이를 재우고 문을 닫은 뒤

화장실에 들어가서 문을 닫으면

우는 소리가 전혀 안 들렸다.

X 누는 공간의 독립성은 베르에게
무척 중요한 문제였다는 걸

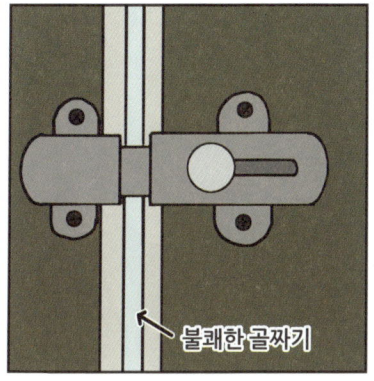

불쾌한 골짜기

베르는 처음 깨달았다.

내가 이런 거에
예민한 타입이었어?!

일단 베이비 모니터를 활용해
보기로 했다.

아니, 뭐 꼭 X 때문에
산 건 아니고…!

2차 시도.

헙!

안다가 아이를 보고 있는 동안에도

마음이 불편해서 X이 안 나왔다.

결국 베르는 난생처음 변비에 걸렸다.

공동 육아가 진가를 발휘한 결정적인 순간이었다.

episode 53

공동 육아 5

신생아는 외출이 어렵다.

감염의 위험성 때문이다.

아이가 태어나고 3개월 정도는

어머니에게 받은 면역 물질이 아이를 지킨다.*

*태반을 통해 모체에서 태아로 전달되므로 출산 방법과는 무관합니다.

덕분에 실제 신생아가 감염을 겪는 일은 드물지만

일단 면역 체계가 돌파당하면

후속 조치는 무척이나 까다롭다.

신생아의 체온은 성인보다 조금 높아서

38도* 이상이어야 열이 나는 것으로 본다.

신생아가 열이 날 때, 가장 경계하는 질환은 세균성 뇌수막염이다.

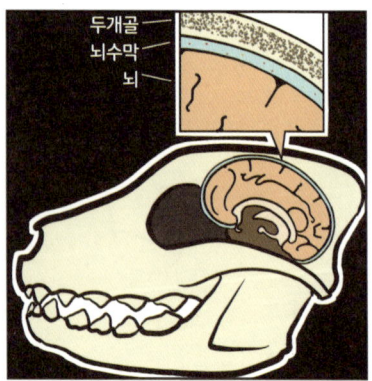

*항문이나 귀 체온 기준 38도, 겨드랑이나 입 체온 기준으로 37.5도입니다. 2세 미만의 경우 가정에서 정확한 체온 측정이 어려울 수 있으니 귀체온계와 다른 체온계를 함께 써서 확인하시길 권장합니다.

확률은 1% 정도로 높지 않지만

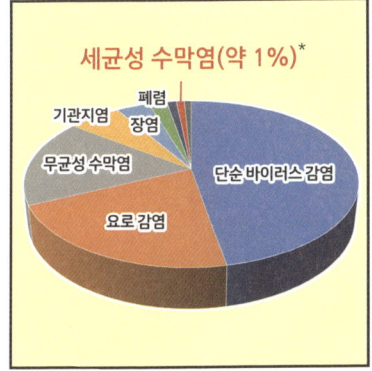

발견 및 치료가 늦었을 때 후유증은 몹시 심각하기 때문에

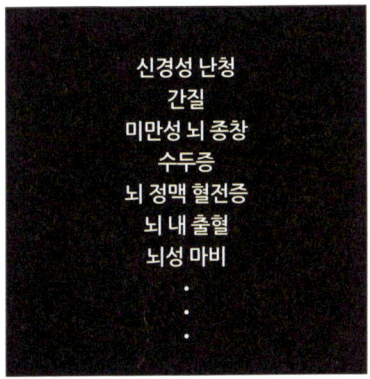

3개월 미만 신생아가 열이 나는 경우엔 뇌척수액 검사를 실시하는 경우가 많다.

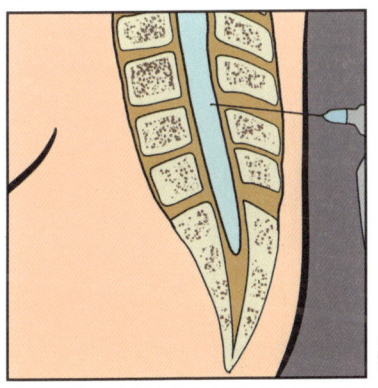

꼬리뼈 부근에서 척추 사이로 바늘을 넣어 채취합니다.

가벼운 마음으로 병원을 찾은 부모들이

*송향순, 김은옥, and 장영택. "열이 있는 3개월 이하의 영아에서 수막염의 예측에 대한 연구." Pediatric Infection and Vaccine 16.1 (2009): 40-46.

대학병원에서_아기_X-ray_찍는_법.jpg

신생아들에게 쾌적한 온도는 21도 전후로 꽤 서늘하지만

과거에 아기라면 일단 싸매고 봤던 이유는

감염에 대한 공포 때문이었다.

추울 때는 보온도 중요한 문제지만

과하면 불필요한 땀띠로 고생할 수 있다.

신생아 감염을 줄이기 위해서는

아이와 접촉하는 모든 사람의
개인위생 관리와 더불어

불특정 다수와의 접촉을 피하는 게
중요하다.

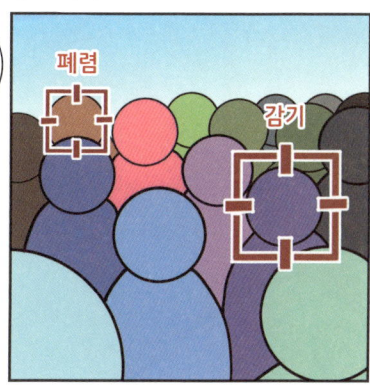

외출을 삼가는 것이 좋은
전략이지만

시간이 더디 가는 부작용이 있다.

공동 육아의 좋은 점 두 번째.

가뭄에 단비 같은 휴식 시간.

이 시기에도 교대로 외출할 수 있다.

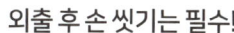

생후 2개월에 뇌수막염 예방접종이 시작되면 관련 위험성은 크게 낮아진다.

50화 참조

두 사람이 이후의 외출 계획을 세우던 그 무렵,

전국적인 전염병 사태가 터졌다.

episode 54
메르스 + 예방접종 2

전염병 확산을 막기 위해서는 마스크 등 보호 장비의 착용도 중요하지만

빠른 확진과 감염자의 효과적 격리가 무엇보다 중요하다.

14세기 흑사병 의사룩

메르스 사태는 이 두 가지에 실패했고

200명에 가까운 감염자와 38명의 사망자가 나왔다.

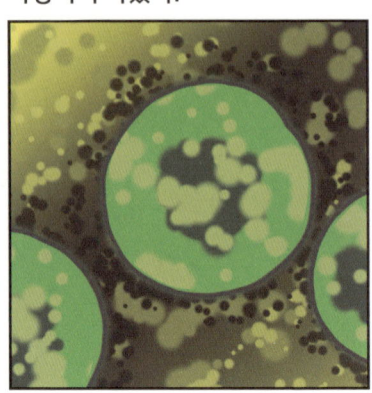

메르스 사태는 다행히 종식됐지만

질병관리본부 기침 예절 캐릭터 '엣티'

코로나19와의 2차전이 얼마 전 시작됐다.

변이가 빨라 백신 제조가 어려운 바이러스 문제는 어쩔 수 없다 쳐도

코로나19까지 결국 다 비슷한 바이러스의 변종

백신 반대론자들의 증가로 인해

*2019년 기준 백신으로 인한 소아마비는 전 세계 누적 26건 정도로 비용 및 의료 인력 문제로 생백신을 사용하는 저소득국가에서 주로 발생했다. 참고로 백신 접종 이전 시대의 소아마비 환자는 매년 30만 명이었다.

충분히 막을 수 있는 전염병까지 퍼지는 것은 참으로 안타깝다.

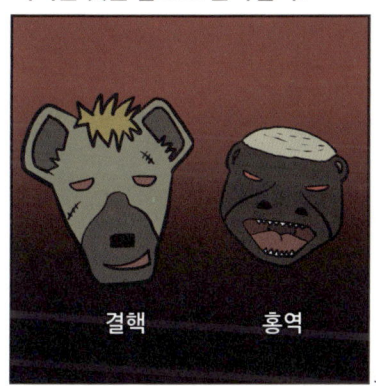

안다가 일했던 병원도 한바탕 난리를 겪었다.

홍역 예방 접종률이 급감한 우크라이나의 경우*

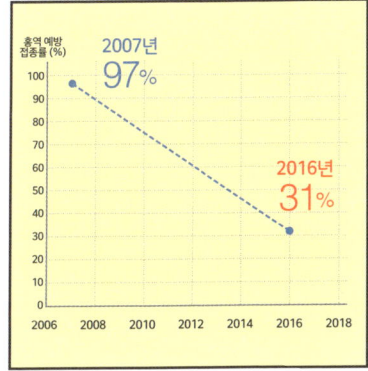

매년 2만 명 이상의 홍역 환자가 발생하고 있다.

**길거리 곳곳에 놓인 홍역 주의 표시

바야흐로 전염병도 글로벌 시대다.

*Wadman, Meredith. "Measles epidemic in Ukraine drove troubling European year." Science (2019): Vol. 363, 677–678.

백신 개발 이전인 1940년대 미국의 홍역 환자는 매년 90만 명.*

*미국 질병통제예방센터(CDC) 발표

소아마비 백신을 시작으로 백신 시대가 열리며 홍역 백신이 공인된 건 1963년.

현대 백신의 아버지 조너스 소크(1914~1995)와 앨버트 세이빈(1906~1993)

2000년엔 미국에서 홍역이 사라졌지만

일부 백신 반대론자들 덕분에 최근 재발했다.*

*2019년 감염자 약 700명
**백신용 보존제 티메로살(Thimerosal)

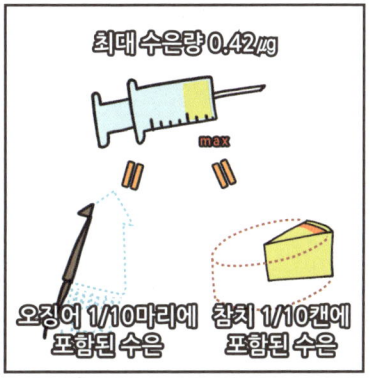

국내 시판된 백신 40종에 대한 조사 결과* 최대 수은 함량은 1회 접종(0.5ml) 당 0.42μg**

*국립환경과학원 발표
**μg(마이크로그램)=g(그램)의 백만분의 1

평생 권장되는 모든 백신을 맞았을 때 노출되는 수은은 참치캔 5개 정도(22μg)지만 수은 저감 백신의 확대로 점차 줄어들고 있다.

백신 시대 이전에 홍역으로 사망한 아이들은 전 세계적으로 매년 7~800만 명.***

***Ludlow, Martin, et al. "Pathological consequences of systemic measles virus infection." The Journal of pathology 235.2 (2015): 253–265.

지옥의 문 개방이 눈앞에 있다.

닥터베르, <Hell창(窓)>, 2020. 디지털 아트.

그게 한 달이 넘을 거란 걸 미리 알았다면

조금은 견디기가 … 수월했을까?

인터넷 쇼핑의 위대함을 느꼈던 한 달.

그사이 공동 육아 전쟁 시즌 2가 시작됐다.

안다가 육아에 익숙해지면서

화이트노이즈 ASMR의 달인이 된 안다

베르의 삶도 많이 쾌적해졌지만

그 절묘한 밸런스가 무너진 건

수면 교육을 시도하면서였다.

episode 55

수면 교육 1

아이 재우기는 힘든 일이다.

매번 가슴을 물려도 보고

차를 몰고 마냥 달리기도 하고

밤새 거실을 맴돌기도 한다.

이 모든 방법엔 한계가 있어서

아이를 재우는 적절한 방법이 필요하다.

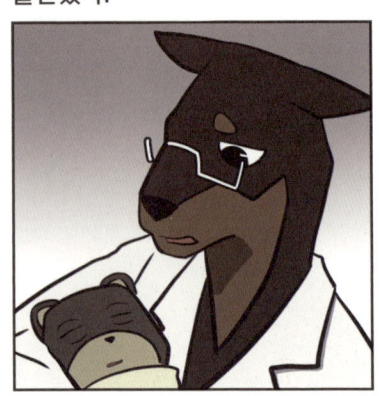

상상도 하고 싶지 않은 일이었다.

신생아는 약하다.

두개골은 몸에서 가장 단단한 부분 중 하나지만

신생아의 두개골은 빈틈투성이다.

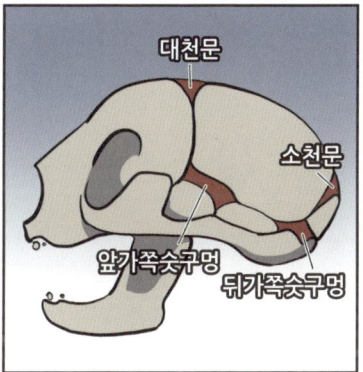

울거나 하면 눈으로 보인다.

거의 이런 느낌?

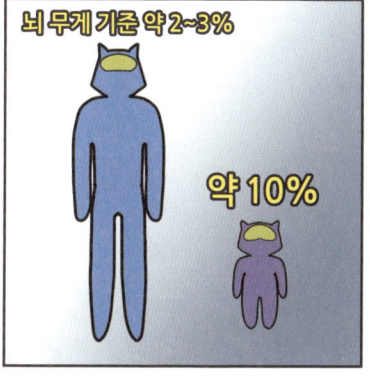

*흔들린 아이 증후군(shaken baby syndrome). 일단 발생하면 치사율은 30% 정도이며 60% 이상에서 영구적인 후유증이 남을 수 있다.

아기침대 실전 1일차.

그리고 꿀잠.

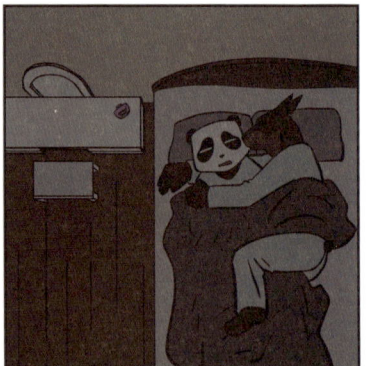

침대에서 재우는 게 끝이 아니었다.

episode 56

수면 교육 2

아이의 건강 상태나  기질에 따라 적용이 어려울 수 있다.

레서는 생활 주기가 빨리 잡힌 편이었고

3화 참조

안다의 출산휴가 동안 도전하는 게 여러모로 유리할 것이라는 판단에

이른 시기에 수면 교육을 하게 됐다.

수면 교육의 길은 무척 험난할 수 있다.

대응 방식도 다양하고 주의사항도 많은 편이라

만화에서 모든 내용을 다루는 것은 어렵다.

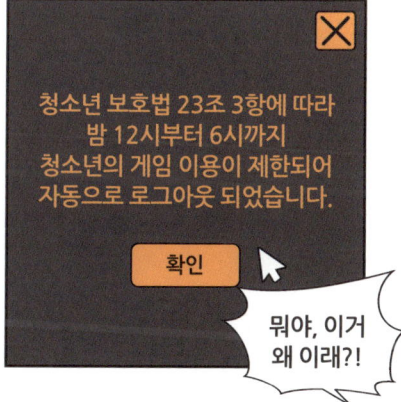

끝도 없이 반복될 수 있다.

금방 성과를 낼 것 같다가도

막상 보면 희망고문뿐인 이 기분.

episode 57

수면 교육 3

그리고 자기희생. 이 모든 걸 한데 모으면…

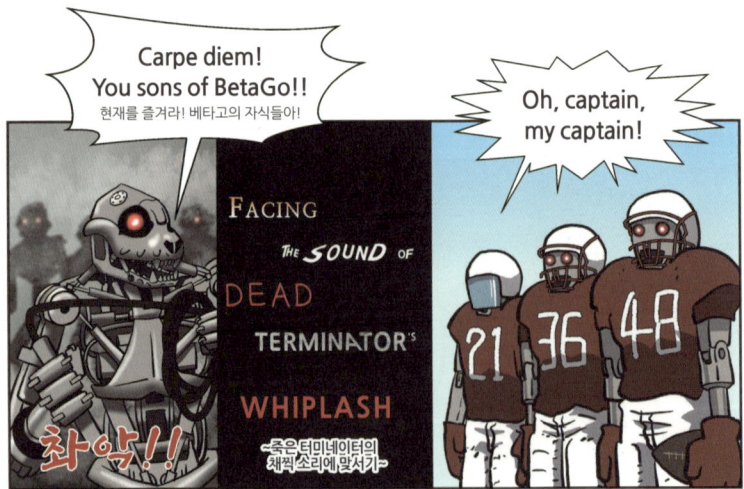

그 롤모델이 된 건  내비게이션이었다.

우리가 아무리 실수해도

내비게이션은 화를 내지 않는다.

아무리 같은 실수를 반복해도

포기하지 않는다.

결코 포기하지 않는다.

만약 내비게이션이 화를 낸다면 운전은 더욱 힘들어질 것이다.

자율주행은 편하겠지만 운전실력은 늘지 않는다.

어떤 마음인지 모르는 건 아니다.

어릴 땐 이런 방법도 통하겠지만

인생의 갈림길은 점점 더 복잡해지고

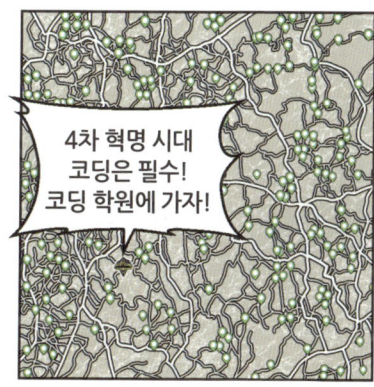

시대는 달라지고

부모의 생은 보통 자식보다 짧다.

베르가 생각한 최선의 교육은 그저 말해주는 일.

백 번이라도, 천 번이라도 하다 보면 어느새 아이도 깨닫기 시작한다.

해는 떴다가 지고

따뜻한 물에 목욕하고 나면

자장가 소리가 들려오고

세상이 사라지는 듯한 이 느낌도

기분 좋은 아침을 맞이하기 위한 것이라는 걸

episode 58

우울감
파트 1-1

절전모드 교육 3주 차.

육아가 게임처럼 느껴지기 시작했다.

이런 분위기는 전혀 아니고

이런 느낌이었다.

주인공은 레서, 나는 NPC.*

주인공이 엉뚱한 길로 가지 않도록

*Non-Player Character. 게임 속에 배치된 조연이나 몬스터 등.

같은 말과 행동을 반복한다.

베르의 인생은 무척이나 흥미진진했다.

익스트림하고 다이내믹하며

다양한 시련과 성취로 가득했다.

좌충우돌 판타스틱.

나는 주인공이었다.

하지만 지금은 주인공을 보조하는 NPC.

운전자를 보조하는 내비게이션이 됐다.

닥터베르, <딴생각하는 대학원생>, 2020. 디지털 아트.

닥터베르, <육아시대>, 2020. 디지털 아트.

타인을 위해 나를 희생한다는 게
어떤 느낌인지 이제야 실감하기 시작했다.

닥터베르, <캠퍼스를 나서는 대학원생>, 2020. 디지털 아트.

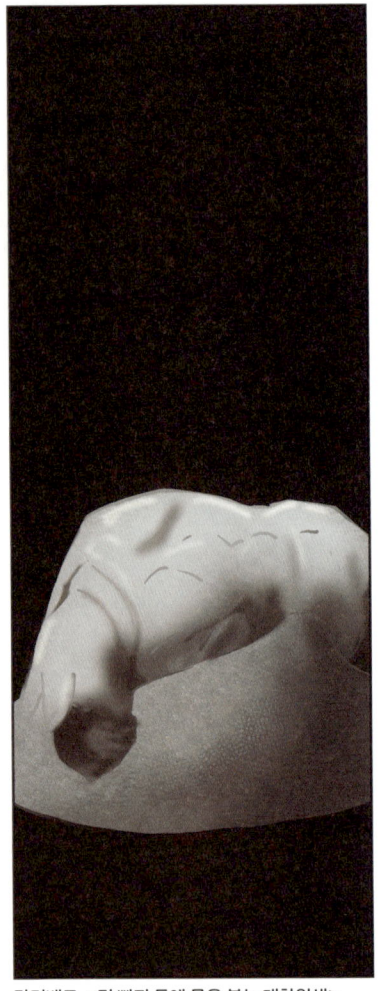

닥터베르, <밑 빠진 독에 물을 붓는 대학원생>, 2020. 디지털 아트.

episode 59
우울감 파트 1-2

우울감은 다양한 이유로 올 수 있다.

베르를 우울하게 만든 첫 번째 이유는 불합리함이었다.

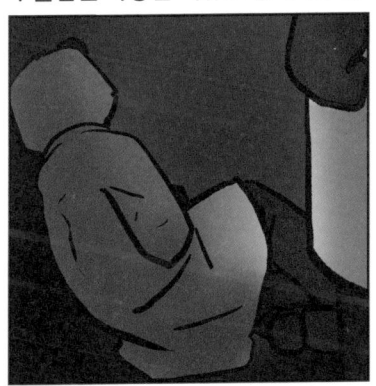

학교에서, 군대에서…

사회에서, 직장에서…

보통 이런 불합리함들은  돈, 권력, 정보, 무력 등 다양한 불균형에서 발생한다.

하하하하! 멍청한 형들, 벽돌집에 혹해서 땅을 팔다니.

그 땅이 곧 재개발되는 것도 모르고! 하하하하하!

이런 불합리함들은
점차 배척되고 있고

다양한 저항 수단이 생기고 있지만

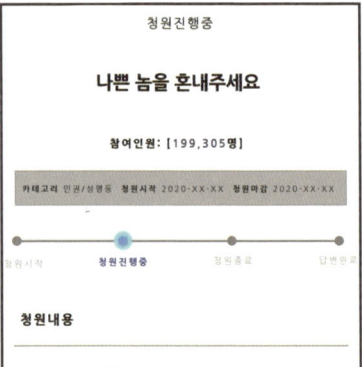

육아는 어떤가?

내리사랑이라는 표현에 따르면

대답 자체는 명확하다.

아이를 향한 분노와 공격은

상황을 나아지게 하는 게 아니라

더 큰 상처와 절망이 되어 돌아오니까.

'수억 원'이 될 때까지도

이 상황 자체는 변치 않을 것이다.

내가 받을 땐 그저 당연한 것 같았던

부모라는 이름의 희생.

뚜르르르르……

뚜르르르르……

어- 아들.

아버지는요?

별일 없으세요?

아버지 출근했지. 왜?

우리야 별일 없지.

……

애 키우기 많이 힘들지?

……

어떻게, 좀 도와줄까? 지금 출발해?

아뇨, 그냥…… 고마워서요…

아직 좀 더 줄 수 있겠죠? 저도 많이 받았으니까.

아이고, 우리 아들 다 컸네.

episode 60

우울감
파트 1-3

자식 농사라고들 한다.

확실히 아이를 키우다 보면

농사와 비슷한 점이 많은 것 같다.

하늘을 탓해도 비는 내리지 않고

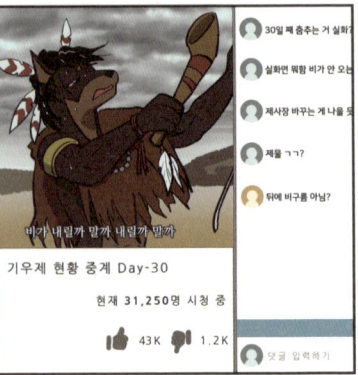

씨앗을 탓해봐야 싹이 트진 않는다.

어떻게든 물을 대는 것이 내 일이고

내 책임이다.

봄에 씨를 뿌리면

닥터베르, <씨 뿌리는 교수님>, 2020. 디지털아트.

가을엔 알곡을 거두지만

닥터베르, <부분 점수 줍는 학부생과 조교>, 2020. 디지털아트.

이것을 투자라고 생각하면

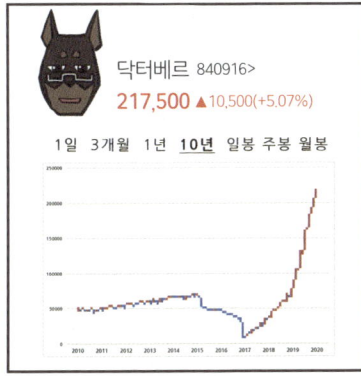

보답받는 날이 올까?

*존중하며 버티는 육아법

그게 목표인 사람도 있는 듯하지만

보통 자식 농사의 결실은 부모의 것이 아닌 것 같다.

내가 지금까지 달려온 길에서 하루하루 멀어지는 걸 느끼고

나의 삶과 시간이 물처럼
흘러나가는 것을 느낄 때면,

앞으로에 대한 불안과
부모님에 대한 죄책감이 밀려와

쉽게 잠들 수 없었다.

똑같은 상황인데 무척 행복해 보이는 사람들.

가벼운 외출.

불타는 토요일.

달콤한 늦잠.

화려한 휴가.

이번엔 나이아가라다!

나만 이기적인가?

철이 덜 들어서 그래!
아빠가 됐으면
철이 들어야지!

마음속의 변속기에 문제가
있는 걸까?

육아 도서를 보면

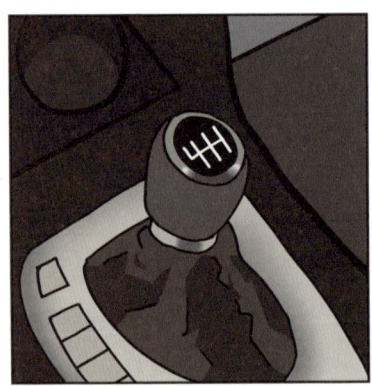

아이들에겐 도약의 시기가 있다고 한다.

20개월 동안 무려 10번.

지금은 두 번째 도약 끝자락의 고난기.

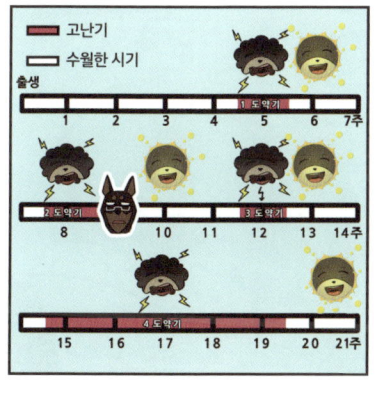

이때가 아이도 부모도 힘들 때라고 한다.

처음으로 감정이 담긴 미소를 봤다.

그 웃음 한 번에 많은 것들을 털어낼 수 있었다.

episode 61

단이와 단미* 1

아기의 얼굴은 신기하다.

작은 얼굴에 숨어있는 다양한 얼굴들.

*단이와 단미 에피소드는 사회화에 따른 선택과 변화를 비유적으로 표현한 것으로 성형수술에 관한 내용은 아님을 알려드립니다.

조합이 중요하다.

*존귀함이 하늘을 찌르다.

episode 62

단이와 단미 2

베르가 처음부터 이런 모습이었던 건 아니다.

베르의 아버지도 그랬고

베르의 아버지 핏불(5세 무렵)

베르의 형도 마찬가지였다.

사는 데 불편하진 않았다.

달리면 가끔 얼굴에 부딪히는 정도?

그냥 인상이 좀 순해보였고

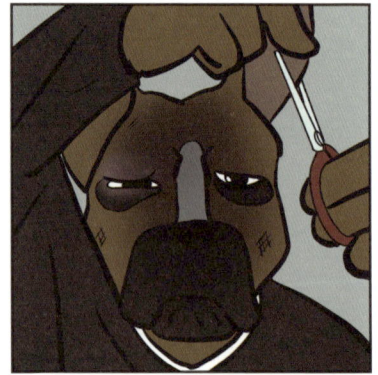

베르에게도 종종 도움을 주었다.

베르는 고민했다.

아버지나 형처럼 되어야 할까?

하지만 단이를 하게 되면

바뀌는 건 외모만이 아닌 듯했다.

그 정점에 아버지가 있었다.

아버지는 늘 무언가와 싸우고 있었고

무대는 주로 바다 위였다.

한쪽 창에 하늘이 보일 때 반대 창은 물속이 보이던 소형 경비정.

아버지는 그 배의 책임자로 15년을 있었다.

아버지의 주 임무는 불법 어선 단속이었다.

37도 05분 124도 11분. 해당 선박의 불법 조업이 확인되었습니다.

단정* 출동 준비.

*선박 단속 및 구조 작업을 위한 소형 고속정

episode 63

단이와 단미 3

아버지가 남자다움을 강요한 적은 없었다.

일단 집에 계신 날 자체도 적었고

뜨개질을 좋아했던 베르

가족과의 대화 자체가 별로 없었다.

무조건 5분컷 전투 식사

그저 아버지가 계셔서 다행이라는

막연한 안도감이 그곳에 있었다.

넉넉한 살림은 아니었다.

부업으로 조화를 만들었던 마더 웰시

베르가 살던 오래된 작은 집은

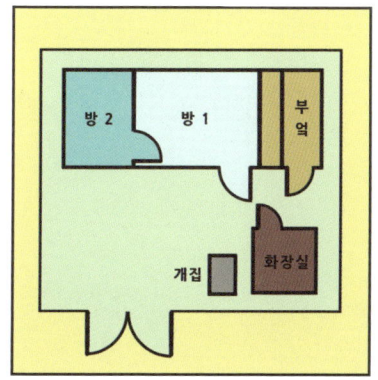

비가 오면 비가 새기 일쑤였고

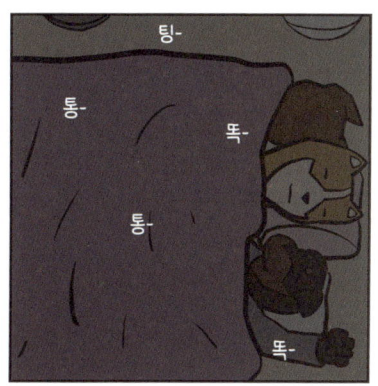

그_시절의_ASMR

장마철이 가까워지면

아버지는 지붕에 비닐천을 덮었다.

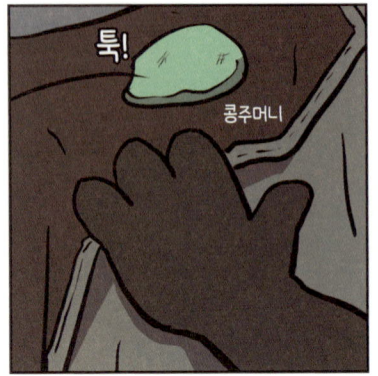

땡볕에 지붕 위에 올라 비닐을 덮는
아비의 마음을 헤아리기엔

너무 어렸던
철부지 시절.

지붕에 오르면 유독 잘 보였던 2층 벽돌집.

그곳에 사는 게 아버지의 꿈이었다.

버스비를 아끼려 한 시간 일찍 통근 버스를 타고

천 원 한 장 허투루 쓰지 않는 세월이 쌓여

오랫동안 꿈꾸던 집을 구입했다.

비록 영혼까지 끌어 모은 대출에

이사 비용이 없어 리어카로 짐을 옮겼지만

아버지는 행복했다.

춤을 출 줄 알았다면 추었을 것이다.

작은아들은 기숙사에

큰아들은 군대에 있어 함께하지 못했지만

아버지에겐 인생 최고의 날이었다.

그리고 그 행복은

 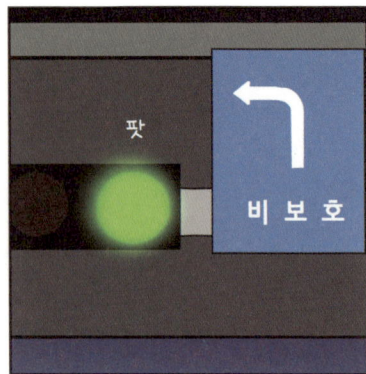

불과 몇 초의 잘못된 판단으로

산산이 부서졌다.

episode 64

단이와 단미 4

아버지에게 '완벽한 인생'이란

편리한 출근길

따뜻한 집밥

든든한 자식들

내 땅 위에 있는 내 집 정도가 전부였다.

그리고 아버지는 그 모든 것을 손에 넣었다.

분명 그랬었다.

현대의학과 기적의 가장 큰 차이는

공짜가 아니라는 점이다.

어머니는 아버지의 간병을 해야 했고 형은 군대에 있었다.

남은 사람은 베르뿐.

용사님! 어서 마왕 뱅크를 물리쳐주세요!

용사님이 패밀리의 희망입니다!

그렇게 베르는 학원가를 떠돌기 시작했다.

거절과 거절.

시리도록 단호했던 거절의 말들.

그리고 마침내 얻은 한번의 기회.

베르는 그렇게 세상에 자신을
맞추기 시작했다.

그로부터 한 달이 지났다.

episode 65

단이와 단미 5

몇 년 전 있었던 아버지의 퇴임식.

많은 사람들이 눈물을 보였던 마지막 인사를

3X년의 공직 생활을 오늘로 마무리하며…

퇴직 후 아버지는
흉터 제거 수술을 받고

부상으로 처진 눈꺼풀도 교정했다.

퇴직 후 처음으로 태풍이 왔던 날. 아버지는 근처 철물점에서

트럭에 쓰는 벨트를 사다가 매트리스를 침대 프레임에 묶기 시작했다.

그렇게…

가족들은 아버지의 PTSD*를 알게 됐다.

*외상 후 스트레스 장애

도무지 이해할 수 없던 그 말들이
사실은 자신에게 하는 말이었다는 걸
지금은 안다.

귀를 잘라 세우고, 꼬리를 잘라 두려움을 감추었을 뿐

늘 떨리는 심장을 옥죄며 바다로 향했음을 지금은 안다.

episode 66
단이와 단미 6

우리는 살면서 다양한 변화를 겪는다.

누군가는 자연스럽게 변하고

살면서 마주하게 되는 많은 벽에  때로는 억지로 나를 맞추게 된다.

살아남기 위해서.

가정에서

학교에서

군대에서, 직장에서

우리는 잘려 나간다.

베르도 결국 자신의 일부를 잃어버렸지만 미련은 없었다.

내가 나로 있었던 시간과

그걸 지켜주려 했던 가족들이 있었기에…

살면서 요구되는 것들은 점점 더 늘어나고

시련은 끝없이 찾아온다.

우쭈쭈, 내 새끼가

아이고, 내 새끼가 될까 봐

episode 67

복직 1

닥터베르의 패시브 스킬 무한의 드라이버*는

*미국 여행 특별편 참조

안다의 운전스킬을 초기화시켰다.

안다의 복직 준비 첫 번째는

초보운전 스티커 붙이기였다.

지하 주차장을 마스터하고
병원-집 주행 연습을 수차례.

안다의 운전 세포가 부활했다!

안다가 복직한 첫날.

안다의 빈자리가 예상보다 크게 다가왔다.

아들 사진 찍기

밥 먹이기

낮잠 재우기

늦은 점심 때우기

집안일

잠깐의 평화

다시 아이 돌보기

다시 밥 먹이고 트림시키기.

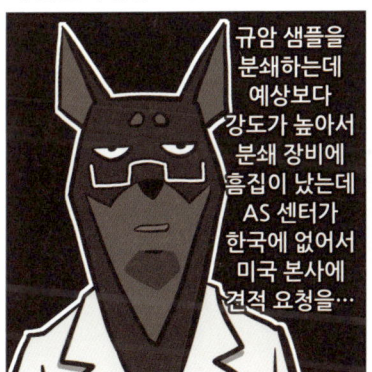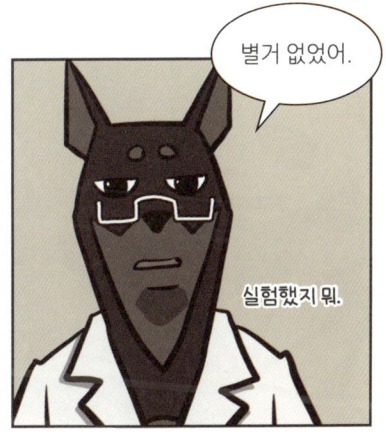

episode 68

복직 2

점심시간,

퇴근 후와 잠들기 전,

유축 때문에 당직실에서 도시락을 먹었음

하루 네 번의 유축으로 레서를 먹였다.

한참의 고민 끝에 모유를 하수구에 버리면서

단유를 진지하게 고민했다.

지금 같은 상황은

앞으로도 계속 반복될 것이다.

언제까지 해야 하지?
첫 돌? 두 돌?

아직 걸을 수는 있지만 거기까진 너무 멀어.

그만두면 확실히 편해질 텐데

막상 그만두자 생각하면 가슴이 아파온다.

레서와 지금의 나를 이어주는 소중한 끈을 내 손으로 끊는 느낌.

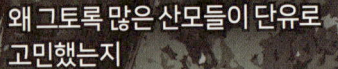
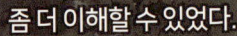

왜 그토록 많은 산모들이 단유로 고민했는지 좀 더 이해할 수 있었다.

오늘도 많은 엄마가 고개를 넘는다.

아가 아가 우리 아가
울지 마라 엄마가 간다
우리 아가 맘마 이고
호랑이고개 굽이 넘어
엄마 간다 엄마가 간다

episode 69

복직 3

매일 기다리던 안다의 퇴근이

이번엔 무척이나 멀다.

레서와 있는 동안에도 말은 하지만

아직은 벽에 공 던지기 같은 느낌이라

안다가 무척 그리워지곤 했다.

좁은 당직실에서 30분간의 수다.

이별의 시간은 무척이나 애틋했다.

각자의 역할이 분명해지면서

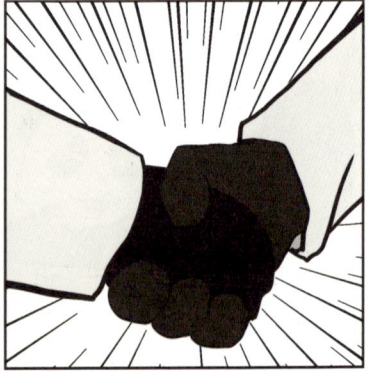

다투는 일은 오히려 줄어들었다.

공동육아가 이런 느낌이라면  복직 후는 이런 느낌.

옛날옛적에 한 소년이

매일매일 나무를 뛰어넘은 끝에

높이뛰기 세계 신기록을 경신…했는지는 모르겠지만

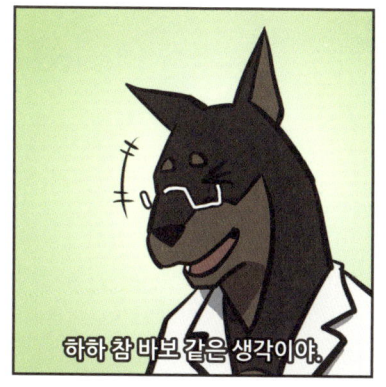 

《닥터앤닥터 육아일기》, 다음 이야기   육아통.

extra episode

미국 여행 1

레서 탄생 기념 외전

미국에서의 휴일 Vol.1

16화에서 미국으로 떠난 두 사람.

도착지는 L.A. 국제공항.

할리우드 등 다양한 명물이 있지만

이곳에 온 목표는 오픈카 빌리기 뿐이었다.

저녁 무렵 도착해서 차만 빌리고 1박.
다시 눈을 뜬 건 새벽 세 시였다.

두 번째 목적지는 L.A.에서 500km 떨어진 요세미티 국립공원.

이곳은 서울 면적의 5배 정도 되는 산이다.

아메리칸 스케일.

이른 아침 공원에 도착해서

설산과 녹지가 공존하는 장관을 보며

저녁까지 공원 안을 돌아다녔다.

1일째 주행거리 800km

처음으로 본 은하수는
밤하늘에 우유를 쏟은 것 같았다.

참고로 베르가 처음에 빌리려던 텐트는 이거였다

새벽부터 요세미티를 한 바퀴 더 돌고(+300km)

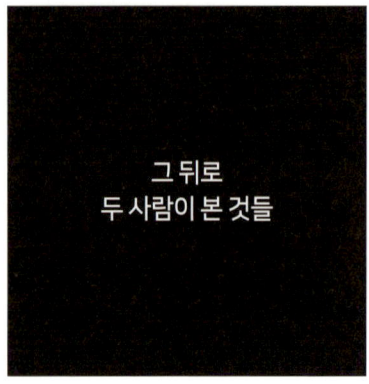

그 뒤로
두 사람이 본 것들

끝없이 반복되는 사막과 선인장.

야생 버팔로 무리.

모래 소용돌이.

서부 영화에 나올 것 같은 폐허들.

그리고 미친 듯이 고갈되는 주행가능 거리.

중간에 있다는 도시까진 정말 아무것도 없었고, ~~우리~~ 베르는 차를 잘못 골랐다.

네비 검색 불가, 휴대전화기도 서비스 불가.

왜 가끔 전봇대에 공중전화가 걸려있었는지

베르는 뒤늦게 눈치챘다.

주행가능 거리 약 50km, 중간 거점까지 남은 거리 90km.

과연 두 사람은 무사히 사막을 건널 수 있었을까?

당시 빌렸던 자동차의 실제 모습.

처음엔 마냥 신났었다.

더 많은 인증샷은 작가 블로그에 있습니다.

extra episode

미국 여행 2

끝없이 계속되는 사막.

외부 기온 40도에 에어컨을 끈 자동차였지만

극도의 긴장에 약간의 오한마저 느껴졌다.

적어도 수 km는 희망이 없는 게 명백한 도로.

이젠 파악조차 되지 않는 주행가능 거리.

교차로에서 교통 통제 중인 보안관을 만났다.

이 앞은 통제 중입니다. 어디 가는 길이죠?
This road is closed. Where are you heading for?

*16km
**64km

곧 건물 2~30개로 이루어진
작은 마을이 보였고

이 무렵엔 엑셀을 밟아도 아무 반응이 없는 상태가 종종 나타났다.

거의 관성으로 골인.

베르와 안다 인생에 가장 짜릿했던 순간 BEST 3

*고장

거기 이상한 거,
멈추세요.
Pull over, stop the …
I don't know … the thing …

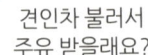

아메리칸 스케일.

일단 좀 더 고민해보기로 했다.

뒤늦게 몰려오는 갈증과 피로감.

베르를 한 방에 침묵시킨 네바다 그랜마 펀치라인.

*방어 불가 기술

extra episode

미국 여행 3

할머니 집은 이런 느낌이었는데

집 뒤엔 말들이 뛰놀고 있었다.

이것이 네바다 그랜마 스타일.

할머니가 기름통을 찾으러 간 사이

안다는 주변 사진을 찍기 시작했다.

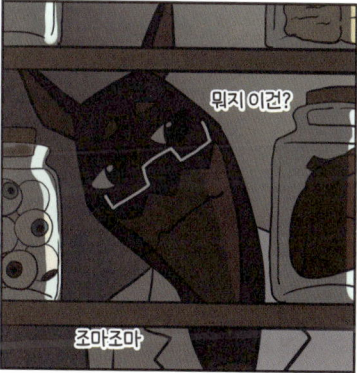

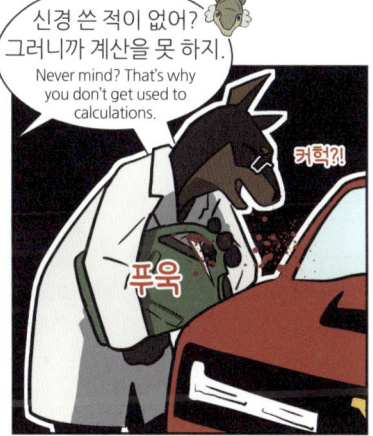

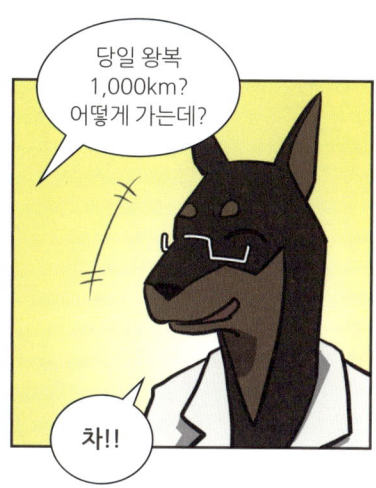

다음 권에서 계속

epilogue

가장 먼저 배우는
가장 어려운 일

레서를 키우기 전까지, 나는 아기를 좋아하지 않았다. 5살이 넘은 아이들과는 잘 놀아줄 수 있었지만, 의사소통이 원활하지 않은 2~3살 아이들을 대하는 일은 무척 어려웠고, 특히 1년 미만 신생아는 공포의 대상이었다. 아기의 짧은 팔다리와 서툰 움직임은 스스로 보호할 수 없어 보였고, 그 와중에 머리는 크고 무거운 데다 말랑말랑해서 너무나 위태로워 보였다.

육아를 결심하고 제일 먼저 한 일은 육아 도서를 읽는 일이었다. 지식은 미지의 존재를 객관적으로 볼 수 있게 하며, 여러 가지 문제를 미연에 방지하는 데 도움을 준다. 나는 육아 전반을 통틀어 가장 큰 비중을 차

지하는 두 가지를 건강과 교육이라고 생각했고, 이에 맞춰 정보를 수집하기 시작했다. 육아 웹툰을 그리면서 블로그나 SNS에서 육아 도서에 관한 질문을 자주 받았기에 오늘은 그에 관한 내용을 적어보려 한다.

아이의 건강에 관해 가장 도움이 된 책은 수면 교육에 관한 《베이비 위스퍼 골드(세종서적)》였다. 신생아는 잘 먹고 잘 자는 것이 일상의 80%쯤 된다. 건강한 수면은 아이의 발육에도 좋은 영향을 미치지만, 부모 삶의 질에도 극적인 변화를 가져온다. 레서를 키우면서 박사 학위를 따고, 웹툰작가가 될 수 있었던 건 늦어도 9시에는 잠자리에 들어 아침 7~8시까지 자는 레서의 수면 습관 덕분이었다. 아이와 한시도 분리될 수 없는 지긋한 중압감은 쉽게 우울감이나 짜증을 유발한다. 육아에도 출퇴근이 필요하다. 수면 교육으로 고생한 2달은 육아 기간을 통틀어 가장 힘들었던 시기 중 하나였지만, 그 결실은 지금까지도 이어지고 있다.

교육에 관한 책이라면 시기에 따라 다르겠지만, 신생아 시기엔 《엄마 나는 자라고 있어요(북폴리오)》를 권하고 싶다. 이 책은 새롭게 태어난 생명의 눈높이에서 세상을 바라볼 수 있게 해준다. 세상에 갓 태어난 아기에겐 '배고프면 밥을 먹고, 졸리면 자면 된다.'는 생각조차 그 일을 수없이 반복한 결과로 얻게 되는 지식이다. 이 책은 신생아 시기에 가장 필요한 깨달음은 여러 사건들의 반복을 통해 각각의 관계성과 공통점을 인지하고 최종적으로 '평범한 일상'을 이해하는 것이라고 알려준다.

이렇게 보면 신생아 시기에 건강과 교육은 무척이나 밀접하게 닿아있는 것 같다. 아기에겐 알파벳이나 구구단보다, 부모와 함께 살아가는 방법이 필요하다. 나 또한 부모가 된 것은 처음이었기에 아이와 함께 살아가는 방법을 배워야 했고, 위에 언급한 두 책이 많은 도움이 되었다. 새롭게 가족의 구성원이 된 생명에게 신뢰와 타협을 사랑으로 가르치자. 서로의 입장을 돌아보고, 타협해 규칙을 정하자. 정해진 규칙을 따르는 일은 한 사람의 인생을 넘어 우리 사회의 행보를 결정하는 중요한 일이다. 이 중요한 일을 갓 태어난 생명이 배울 수 있다는 건 얼마나 위대한 일인가.

닥터앤닥터 육아일기 2

초판 1쇄 인쇄 2021년 4월 29일 | 초판 1쇄 발행 2021년 5월 12일

글·그림 닥터베르

펴낸이 김영진, 신광수
CS본부장 강윤구 | 출판개발실장 위귀영 | 출판영업실장 백주현 | 디자인실장 손현지 | 개발기획실장 김효정
단행본개발파트 권병규, 박현아, 정혜리
출판디자인팀 최진아, 김가민 | 저작권 김마이, 이아람
채널영업팀 이용복, 이강원, 김선영, 우광일, 강신구, 이유리, 정재욱, 박세화, 전지현
출판영업팀 박충열, 황영아, 민현기, 김세라, 정재성, 정슬기, 허성배, 정유, 설유상
개발기획팀 이병욱, 황선득, 홍주희, 이기준, 강주영
CS지원팀 강승훈, 봉대중, 이주연, 이형배, 이은비, 전효정, 이우성

펴낸곳 (주)미래엔 | 등록 1950년 11월 1일(제16-67호)
주소 06532 서울시 서초구 신반포로 321
미래엔 고객센터 1800-8890
팩스 (02)6455-8816 | 이메일 bookfolio@mirae-n.com
홈페이지 www.mirae-n.com

ⓒ 2021. 닥터베르

ISBN 979-11-6413-762-6 07370
　　　979-11-6413-694-0 (set)

* 북폴리오는 (주)미래엔의 성인단행본 브랜드입니다.
* 책값은 뒤표지에 있습니다.
* 파본은 구입처에서 교환해 드리며, 관련 법령에 따라 환불해 드립니다.
  단, 제품 훼손 시 환불이 불가능합니다.

> 북폴리오는 참신한 시각, 독창적인 아이디어를 환영합니다.
> 기획 취지와 개요, 연락처를 bookfolio@mirae-n.com으로 보내주십시오.
> 북폴리오와 함께 새로운 문화를 창조할 여러분의 많은 투고를 기다립니다.